ジブン未来図鑑

JIBUN MIRAI ZUKAN

7

子どもが好き！

小学校の先生　　保育士　　ベビーシッター　　スクール
ソーシャルワーカー

CONTENTS
ジブン未来図鑑 [職場体験完全ガイド＋]

MIRAI ZUKAN 01
小学校の先生

.... 04

小学校の先生 沼田晶弘さんの仕事 06

沼田晶弘さんの1日 08

沼田晶弘さんをもっと知りたい 10

沼田晶弘さんの今までとこれから 12

沼田晶弘さんがくらしのなかで大切に思うこと 13

MIRAI ZUKAN 02
保育士

.... 14

保育士 小林恵子さんの仕事 16

小林恵子さんの1日 18

小林恵子さんをもっと知りたい 20

小林恵子さんの今までとこれから 22

小林恵子さんがくらしのなかで大切に思うこと 23

ピンとくる仕事や先輩を見つけたら、巻末のワークシートを記入用に何枚かコピーして、
手もとに置きながら読み進めてみましょう。

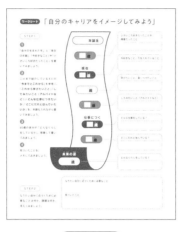

ワークシート　「自分のキャリアをイメージしてみよう」　　ワークシート　「自分にとって大切なことを考えてみよう」

このワークシートは、自分の未来を想像しながら、
自分が今いる場所を確認するための、強力なツールです。

STEP1 から順にこのワークに取り組むと、
「自分の得意なこと」や「大切にしていること」が明確になり、
思わぬ気づきがあるでしょう。

そして、気づいたことや思いついたことは、
何でもメモする習慣をつけるようにしてみてください。

迷ったとき、くじけそうなとき、記入したワークシートやメモをふりかえれば、
きっと、本来の自分を取り戻し、新たな気持ちで前へと進んでいけるでしょう。

さあ、わくわくしながら、自分の未来を想像する旅に出かけましょう。

ボンボヤージュ、よい旅を！

ジブン未来図鑑編集部

ジブン未来図鑑

キャラクター紹介

「スポーツが好き！」
「食べるのが好き！」
メインキャラクター
ケンタ
KENTA

参謀タイプ。世話好き。
怒るとこわい。食べるのが好き。

「子どもが好き！」
「動物が好き！」
メインキャラクター
アンナ
ANNA

ムードメーカー。友だちが多い。
楽観的だけど心配性。

「医療が好き！」
「おしゃれが好き！」
メインキャラクター
ユウ
YŪ

人見知り。ミステリアス。
独特のセンスを持っている。

「アニメが好き！」
「演じるのが好き！」
メインキャラクター
カレン
KAREN

リーダー気質。競争心が強い。
黙っているとかわいい。

「宇宙が好き！」
「デジタルが好き！」
メインキャラクター
ダイキ
DAIKI

ゲームが得意。アイドルが好き。
集中力がある。

MIRAI ZUKAN 03

ベビーシッター

············ 24

ベビーシッター さいおなおさんの仕事 ·················· 26

さいおなおさんの1日 ····························· 28

さいおなおさんをもっと知りたい ····················· 30

さいおなおさんの今までとこれから ···················· 32

さいおなおさんがくらしのなかで大切に思うこと ········ 33

MIRAI ZUKAN 04

スクール ソーシャルワーカー

········· 34

スクールソーシャルワーカー 上田篤史さんの仕事 ······ 36

上田篤史さんの1日 ····························· 38

上田篤史さんをもっと知りたい ····················· 40

上田篤史さんの今までとこれから ···················· 42

上田篤史さんがくらしのなかで大切に思うこと ········ 43

ジブン未来図鑑 番外編　「子どもが好き！」な人にオススメの仕事 ············· 44

スクールカウンセラー／放課後児童支援員…44　幼稚園の先生／中学校の先生／高校の先生／学習塾講師…45
児童英語教師／ピアノの先生／児童指導員／テーマパークスタッフ…46　児童書編集者／児童書作家…47

ELEMENTARY SCHOOL TEACHER

小学校の先生

先生も
勉強をするの？

全部の科目の
授業を
担当するの？

卒業した
教え子のことを
覚えている？

児童が
帰ったあとは
何をしているの？

小学校の先生ってどんなお仕事？

音楽や図工、体育などの実技教科は、専門の教師が教えることもありますが、小学校の先生は1年生から6年生までの児童に、国語、算数、理科、社会、道徳など、基本的に全教科を教える学級担任制です（2022年から、小学校での教科担任制が導入）。子どもの意欲を引き出せるよう、事前に授業の計画を立てて臨みます。また、給食や清掃などの学校生活、遠足や運動会などの行事を通じて、子どものさまざまな力を育むサポートをします。1人1人の子どもを理解し、公平な視点からのコミュニケーションがもとめられます。各家庭との連携も重要で、保護者会や家庭訪問などで、子どもたちの様子を伝えたり、保護者からの相談に応じたりすることもあります。

給与
（※目安）

20万円
くらい〜

学歴や公立、私立などによってちがいがあります。私立小学校の場合は、学校ごとに定められています。長くはたらくほど収入が上がる傾向にあります。

※既刊シリーズの取材・調査に基づく

（ 小学校の先生に なるために ）

ステップ 1

大学などで 教員免許を取得する

教職課程がある短大、大学、大学院で学び、「小学校教諭普通免許状」を取得する。

ステップ 2

教員採用試験に 合格する

希望する地域や、公立・私立など学校の種類に応じた教員採用試験を受け、合格する。

ステップ 3

小学校の先生に

公立の場合、自治体による説明会、教育委員会や校長との面談などで着任校が決まる。

こんな人が向いている！

子どもが好き。

人とかかわるのが好き。

人に伝えることが得意。

観察力がある。

視野が広い。

もっと知りたい

大学などに行かなくても、教員資格認定試験に合格すれば、教員免許を取得できます。なお、2022年度から、高学年で教科ごと（英語や理科、算数、体育を優先して）に専任の先生がつく「教科担任制」が導入され、学校教育が大きく変化しています。

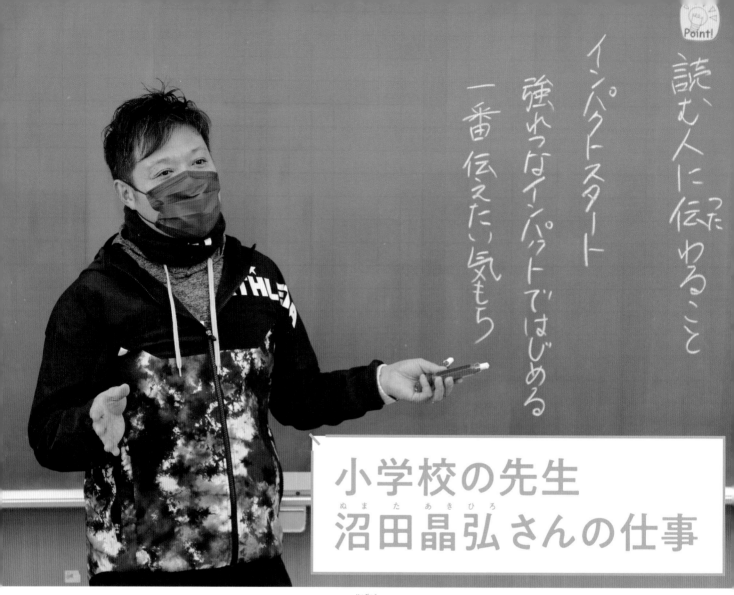

読む人に伝わること

インパクトスタート
強力なインパクトではじめる
一番伝えたい気もち

小学校の先生
沼田晶弘さんの仕事

苦手な子どもが多い作文の授業。書き方のポイントをユーモアを交えて語り、子どもたちを引きつけます。

授業に楽しい仕掛けをして
子どもたちのやる気を引き出す

　東京学芸大学附属世田谷小学校ではたらく沼田さんは、「ぬまっち」の愛称で知られ、テレビや雑誌、新聞など、数多くのメディアに登場している名物先生です。仕事の中心は、国語や算数、理科、社会、体育などの教科の学習指導、ホームルームや給食、掃除などの生活指導など、ほかの先生と大きくは変わりません。しかし、沼田さんならではの型やぶりでユニークな授業や活動が注目されています。

　たとえば、ノリのいい音楽に合わせていっせいに掃除をする「ダンシング掃除」。沼田さんが「曲が終わるまでに掃除を終えよう」と伝えるだけで、子どもたちは自ら工夫して、それぞれの分担を決め、効率よく掃除をします。曲を選ぶのも子どもたちです。担任をしている2年生の算数の授業では、九九を覚えるため「計算トレーニング」を取り入れました。これは1から9の数字をたて横の1列目に書きこみ、「よーいドン」で、2分以内に81マスをかけ算の答えでうめていくというものです。2分以内にできた子どもには、「U2（Under 2 minutes＝2分以内）」の称号を与えます。

達成者がつける「U2バッジ」もつくってやる気を高め、バッジをつける子どもが増えました。

　また、5年生の担任の時は、日本について学ぶ社会科の授業で、「勝手に観光大使」というプロジェクトを行いました。子どもたちが自分で好きな都道府県を選び、パソコンでつくったプレゼンテーション資料を学習発表会などで保護者に発表したり、都道府県の知事に見てもらったりしました。

　沼田さんがこうした授業や活動をする時につねに考えているのは、「どうしたら子どもが楽しくできるか」です。「あれをしなさい、これをしなさい」と指示をしなくても、子どもは「楽しい」と感じることは自ら行動し、熱心に学んでいきます。そのために、子どもにとって何が楽しいのか、何をほしがっているのかを考えています。普段から1人1人の子どもをよく観察し、気がついたことはすぐにメモをして、授業などに活かすようにしています。

　また、沼田さんは、子どもたちとの交換日記を大切にしています。子どもたちが書いた日記に対し、必ずその日のうちにコメントを書いて返すことで、毎日全員とコミュニケーションを取っています。

　子どもたちが帰ったあとは職員会議に参加し、学校

沼田さんはつねに2～3冊の本の執筆や監修をしています。出版社からとどいた校正紙（チェック用に原稿を印刷した紙）を確認します。

運営や子どもたちの情報を共有します。また、子どもに問題があった場合などは、保護者と直接連絡を取って、相談や報告などを行います。

学校現場で実践してきたことをさまざまな形で伝える

　沼田さん独自の「子どものやる気」を引き出す教育は、先生の間だけでなく、ビジネスの分野などからも注目されています。

　これまで多くのテレビやラジオで、沼田さんが担任するクラスのユニークな試みが紹介されました。また出版社から依頼され、子ども向けや子育て世代、社会人向けなど、幅広い人々に向けた本を執筆・監修していて、かかわった本はこれまでに20冊以上あります。本の制作にかかわる仕事は、主に放課後や帰宅後に行っています。

　また月に1～2回ほど、企業や団体などから招かれ、全国各地やオンラインで、講演やセミナーも行っています。その日の参加者の様子を見ながら、使う資料は同じでも、興味を引くよう少しずつ話す内容を変えるなどして、伝え方を工夫しています。

　こうした学校外でのさまざまな活動は、沼田さんが学校の現場で実践してきたことを、研究成果として発表する機会でもあります。

放課後は、教室のデスクでオンラインの職員会議に参加したり、会議用の資料をつくったりします。

沼田晶弘さんの1日

小学校で子どもたちに授業をし、家では本の執筆に取り組む沼田さんの1日を見てみましょう。

自宅から学校までは車で約15分。7時50分からの朝礼に間に合うように出勤します。

朝の会では、子どもたちの様子を確認し、日直当番にスピーチをしてもらいます。

6:30
起床・朝食

7:30
家を出る

8:00
朝の会

24:00
就寝

22:00
テレビ・ゲーム

20:00
原稿確認

お酒を飲みながら、テレビ観賞やゲームなど、その時にしたいことを楽しみます。

娘が寝たあとは、本の原稿確認などをします。オンラインで雑誌やウェブサイトなどのインタビューを受けることもあります。

20:00

授業時間は1コマ40分。受けもつ2年生のクラスで、午前中に国語など4つの授業を行います。

20分ある中休みも教室ですごします。子どもと話をしたり、交換日記に返事を書いたりします。

お昼は、教室で子どもたちと一緒に給食を食べるようにしています。

音楽が流れている間に、おどりながら掃除を終わらせる「ダンシング掃除」を行います。

8:20
午前の授業開始

10:40
中休み

12:30
昼食

13:00
掃除

17:30
帰宅・夕食

17:00
退勤

15:35
放課後

13:30
午後の授業開始

夕食後は、入浴をすませ、家族との時間を楽しみます。

放課後の時間に、会議の資料づくりや、同僚の先生と情報交換などをします。

算数の授業では、制限時間2分で九九を書く「計算トレーニング」を行い、声をかけて、子どもたちのやる気を上げます。

INTERVIEW インタビュー

沼田晶弘さんをもっと

**小学校の先生になろうと思った
きっかけは何ですか？**

　自分の長所と短所を考えた時、ボクは人より話が得意だと思い、仕事にするなら先生か漫才師か販売員か……などといろいろ考えて、一番なりやすいのは先生だと思っていました。ただ、ボクは自分が子どもを苦手だと思っていて、大学で教育実習を経験した時にも、「小学校の先生にはなりたくないな」と感じました。

　大学卒業後はアメリカに留学し、帰国後は主に塾の先生をしていました。楽しかったのですが、仕事の終わる時間が夜遅くなるのが苦痛でした。そんな時、今の小学校から、学校の教育活動をサポートする学習支援員にならないかと誘われ、はたらいてみると思っていたよりもうまくいきました。翌年、正式にクラスの担任になりましたが、最初から小学校の先生になろうと思ったのではなく、たまたまなのです。

**この仕事のおもしろさややりがいを
どんな時に感じますか？**

　ボクが思いもしないような発言をしたり、自分自身の枠を超えてきたりする子どもに出あえることが、おもしろいです。そのような状況をつくるには、先生と子どもの関係性が大事で、普段から「あの先生だったら何を言っても大丈夫。受け止めてくれる」という信頼関係をつくっておくことが必要だと思います。

　今でも「子どもが大好き」という気持ちより、子どもを子どもとしてあつかわずに、1人の人間としてかかわることを優先しています。子どもたちががんばっていることはとことん応援するし、何かを達成してうれしそうな顔を見た時にはやりがいを感じます。

**小学校の先生として
心がけていることは何ですか？**

　子どもが「やればできる！」という自己効力感（自分の能力を信じる力）を感じられることを大事にしています。そのためには自分から挑戦して「できた」という成功や達成感を積み重ねることが必要です。

　よく「運動会で3位だったけど、がんばったから金メダル」などと言いますが、3位は3位、銅メダルです。がんばったからこそくやしいと感じることで、ではどうしたら1位になれるのかなど、達成するための行動を自分で考え、実行できるようになるのです。

**小学校の先生をしていて、
大変なことは何ですか？**

　大変だと思うことはないです。子どもたちとどう接していこうかと考えることはありますが、なやむということはありません。きっとボク自身も「自己効力感」が高いのだと思います。何事も挑戦して成功したら成功体験になるし、もし失敗したとしても、何がい

知りたい

けなかったのかを反省し、もう1度挑戦すればいいだけです。

> 印象に残っているのは
> どんなことですか？

　小学校の先生をはじめてから時が経ち、教え子たちと一緒にお酒を飲むことが増えてきました。かつての教え子と飲むのは不思議な感じがするし、いろいろな思い出がよみがえって感傷的にもなります。

　当時、子どもたちに楽しい思い出を残してほしくて、常識外れのことをたくさんしてきたこと、そのたびに校長先生などに許可を取って突破してきたことを、大人になった彼らが理解してくれて、「あの時はありがとう」と言ってくれるのもうれしいですね。

アンナからの質問

> **教え子のことは
> ずっと覚えているの？**

　小学校の先生は、毎日長い時間を子どもたちと一緒にすごします。1クラスに30～40人もいますが、教え子を完全に忘れることはありません。卒業してもラインを交換して連絡を取り合うこともあり、SNSではダイレクトメールも公開して、いつでも連絡してこられるようにしています。卒業後のほうが仲よくなった子もいるくらい、よい関係を築いています。

わたしの仕事道具

アスレタの服

「アスレタ」というスポーツブランドの服をつねに身につけています。仕事をするうえで動きやすいほうがよいですし、多くのメディアにも出ているので、自分を覚えてもらうという目的もあります。

みなさんへの
メッセージ

先生は長時間労働でつらい仕事というイメージもあるようですが、給与や休暇などの面では多くの企業よりも恵まれています。子どもの「できた！」をたくさん見ることができる、とてもおもしろい仕事ですよ。

沼田晶弘さんの今までとこれから

プロフィール

1975年、東京都生まれ。東京学芸大学教育学部を卒業後、アメリカ・インディアナ州立ボールステイト大学大学院で学びました。帰国後、塾の先生などをしてはたらき、2006年から東京学芸大学附属世田谷小学校の先生に。子どもの自主性を引き出すユニークな授業が数多くのメディアに紹介され、本の出版や講演など幅広く活動中。

1975年誕生

3歳

実家の飲食店で宴会場に飛びこみ、人前でおどってごほうびをもらう、ひょうきんな少年だった。

16歳

高校でまわりがあまりに勉強熱心なことにおどろく。成績はどん底だったけれど、なんとか卒業できた。

18歳

浪人時代に通っていた塾で、きびしくもやさしい女性講師の指導を受け、偏差値がぐんとアップ。

22歳

大学在学中の教育実習で、先生が子どもに気をつかっているように見え、「小学校の先生にはなりたくない」と思う。

23歳

ひょんなことから留学が決まり、アメリカの大学院に進学。その後、しばらくアメリカですごす。

28歳

帰国後は塾の先生としてはたらくが、塾の仕事は夜が遅いため、お酒を飲みに行けないことが不満だった。

今につながる転機

現在の小学校で学習支援員としてはたらくようになる。翌年から正式な先生としてクラス担任となり、やる気がさらにアップ。

32歳

小学校で多くのクラスを担任し、卒業生を送り出しながら、テレビ出演、本や雑誌の執筆・監修などメディアの仕事や講演などもこなす。

現在

47歳

未来

65歳

小学校の先生の仕事を続けているかはわからないけれど、日本とアメリカ、半分ずつくらいで生活したい。

沼田晶弘さんがくらしのなかで大切に思うこと

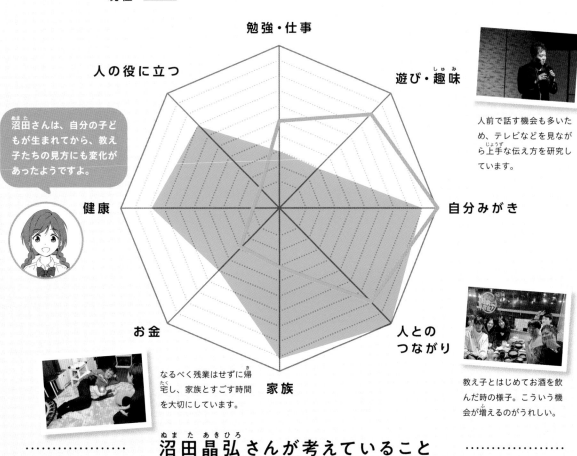

中学1年のころ ━━
現在 ━━

勉強・仕事
人の役に立つ
遊び・趣味

人前で話す機会も多いため、テレビなどを見ながら上手な伝え方を研究しています。

沼田さんは、自分の子どもが生まれてから、教え子たちの見方にも変化があったようですよ。

健康
自分みがき

お金
人とのつながり

家族

なるべく残業はせずに帰宅し、家族とすごす時間を大切にしています。

教え子とはじめてお酒を飲んだ時の様子。こういう機会が増えるのがうれしい。

沼田晶弘さんが考えていること

子どもたちに、社会に出て生き抜く力をつけてほしい

　ボクは、子どもたちに生きていくうえでの基礎的な力と、将来何があっても負けないメンタル（精神）を身につけてほしいと思っています。

　だからこそ「小学校と社会を切りはなしたくない」という気持ちがあります。社会で活躍している人を招いて特別授業をしてもらったり、相手の気持ちを考えてプレゼンテーションするなど、ビジネスで重要なことを教えたりしているのもそのためです。子どもだから、大人だからと切り分けて考えず、卒業したあとは社会の即戦力になれる、そんな子どもが増えたらいいなと思っています。

　今の社会は、子どもがつまずいて転ばないように、日本中の石を拾おうとしてつかれていると感じます。そうではなく、子どもにどう転ぶか、どうやって立ち上がるかを教えられる存在でありたいです。

13

CHILDCARE WORKER

保育士

子どもたちに
どんな
お世話をするの？

どんな資格が
必要なの？

どうすれば
保育士に
なれるの？

ピアノが
弾けないと
なれないの？

保育士ってどんなお仕事？

　保育士は、保育所（保育園）などで0歳から小学校入学前の子どもをあずかり、保護者の代わりに生活のお世話や教育の支援をする仕事です。子どもの体調や安全に注意して見守りながら、年齢や個性を理解してそれぞれの子どもたちに合った遊びや活動を提供し、すごしやすいように気を配ります。子どもたちの健康な成長をサポートするためには、保護者の支援も大事です。子どもの様子を保育日誌などに記録して送りむかえの時に保護者にわたしたり、育児のなやみなどに助言したりします。子どもに何か問題が起きた時はすぐに対応できるよう、同じ職場の保育士たちとの情報共有や、病院や児童相談所、保健所、警察などとの連携ができるようにしておくことも必要です。

給与
（※目安）

18万円
くらい～

　経験や勤務先、地域などによっても変わります。1年に2回のボーナスがある場合も多く、経験を積んでリーダーや主任などになると給与は上がります。

※既刊シリーズの取材・調査に基づく

保育士になるために

ステップ 1
国で指定する学校に進学する
保育士の国家資格が取れる短大や大学、専門学校に進み、保育士の知識やスキルを学ぶ。

ステップ 2
学校を卒業して資格を取得する
指定された学校を卒業すると、試験を受けずに保育士資格を取得できる。

ステップ 3
採用試験を受けて保育士に
保育園などの採用試験に合格し保育士となる。

こんな人が向いている！

子どもが好き。

人を楽しませるのが好き。

会話するのが好き。

協調性がある。

観察力が鋭い。

もっと知りたい

　指定校には、幼稚園の先生と保育士両方の資格が取れる学校もあります。指定校以外の短大や大学を卒業した場合や、児童福祉施設で2年以上実務経験がある場合は、年に2回実施される保育士試験を受けられ、合格すると保育士の資格が取れます。

子どもたちが興味をもちそうな絵本を読んだりパソコンの映像を見せながら、子どもたちと会話していきます。

子どもの興味を引き出して
環境を整えていく

　小林さんは「まちの保育園」ではたらく保育士です。2歳児のクラスを担当し、ほかの2人の担任や園のさまざまな先生と相談しながら、子どもたちが個性を発揮できる環境を整えたり、地域の人と子どもの交流の場をつくったりして、子育ての支援をしています。

　「まちの保育園」では、子どもたちの主体性を尊重した保育を大切にしていて、決まった時間割はありません。クラスで朝の会を行う時も、小林さんは集合す

るようよびかけることはせず、絵本を読むことで自然に集まるようにうながします。

　小林さんたちクラスの担任は、前日の子どもたちの様子から、園庭遊び、積み木などのコーナー遊び、小グループ活動など、興味をもちそうな活動を予測し、準備しておきます。子どもたちは、自分の興味や関心のなかからその日やりたい遊びを選び、グループに分かれて活動をはじめます。

　年齢やクラスごとのコーナーがあり、子どもの興味に応じた自然の素材でできたおもちゃや絵本などが置かれています。年度のはじめに置くものを決め、その

あとは、クラスの担任間で相談し、子どもの様子や興味に合わせて変えていきます。こうした環境づくりは、子どもの学びを育てる大事な仕事です。

　小グループ活動は、子どもたちの興味を広げる活動です。たとえば、金魚が泳ぐ姿を見ても、子どもによって、金魚の顔や動き、水槽の泡など、気になる部分は1人1人異なるので、泡に興味をもった子どもには、水性の色鉛筆を使って泡をかく活動の準備をします。小林さんは、手元の和紙やかべに貼った大きな和紙に夢中で泡をかく子どもたちを観察し、どんな発見があったのか聞くなどして、その姿をカメラにおさめます。そして、保育中に撮った子どもの姿にコメントをつけて記録したり、コーナーに展示したりして、学びや成長を保護者に知ってもらいます。

　小林さんは、保護者とのコミュニケーションも大切にしています。送りむかえの時や連絡帳などで、子どもの様子をていねいに伝え、「おむつが取れない」といった育児のなやみなどの相談にものります。対応がむずかしいと判断した場合は、管理栄養士、看護師などの専門家に相談したり、行政につないだりもします。

　集団生活のなかでサポートが必要な子については、保育士みんなで話し合う時間を取っています。たとえば、言葉は理解できなくても絵に反応する子の場合は、絵を使って今何をする時間なのか伝えてはどうかと提

子どもが夢中になり、心を動かされている瞬間をカメラにおさめ、保護者に見てもらいます。

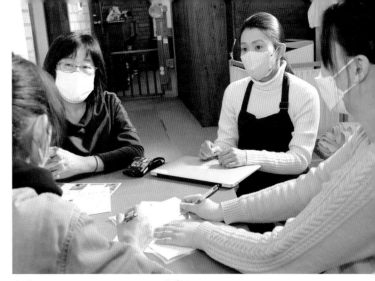

地域の人との交流の場をつくるため、保護者も交えて、打ち合わせをします。

案するなど、子どもにとってよりすごしやすい環境になるよう意見を出し合います。

地域の人との交流で、保護者が頼れる場を増やす

　「まちの保育園」では、地域の人との交流も大切にしています。たとえば、子どもの興味に合わせて、散歩の時間に、季節のものを八百屋さんに買いに行ったり、ユズの木がある家でユズをとらせてもらったりします。子どもと地域の人との交流の場をつくることが、園の外にも子どもの学びを広げ、地域の人が元気になることにもつながっています。小林さんが以前受けもったクラスでは、カエルに興味をもった子どもがいたので、カエルがいる池のある家に行って、オタマジャクシからカエルになるまでを、観察させてもらう機会をつくりました。子どもと地域の人が交流することで、保護者も地域の人を知ることができ、保護者が頼れる場所を増やす機会をつくることにもなるのです。

　また、地域の園に通っていない親子に園を開放するイベントを行うこともあります。保育士や職員が準備をして、着ない服やおもちゃをもちよって無料で交換したり、園にあるおもちゃで遊ぶ体験や育児講座を企画したりして、地域の親子も支援しています。

小林恵子さんの 1日

子どもたちの興味を引き出し、活動を支援しながら見守る小林恵子さんの1日を見てみましょう。

職場まで歩いたり走ったりして、気分転換をしながら向かいます。

7:00
起床・朝食

8:00
家を出る

22:30
就寝

19:00
夕食・入浴

18:00
帰宅

17:15
退勤

お風呂に入りながら、1日をふり返るのが毎日の習慣です。

むかえに来た保護者に子どもの様子を伝え、見送ったら帰宅します。

17:15

9:00　　10:00

クラス全員で1人1人の名前をよびながらあいさつをして、絵本やパソコンの画像（ぞう）を見せながら、今日やりたい活動を話し合います。

泡（あわ）の絵をかく小グループ活動を見守りながら、集中する子どもたちの姿（すがた）をカメラに記録します。

給食を配り、食事の介助（かいじょ）をしながら、子どもたちの様子を見守ります。

子どもたちが寝（ね）ている間、子どもの呼吸（こきゅう）を定期的に確認（かくにん）しながら、交代で休憩（きゅうけい）をとります。

9:00
しゅっきん
出勤・朝の会

10:00
活動の見守り

11:00
かいじょ
昼食の介助

12:00
ひるね
お昼寝・昼食

16:00
活動の見守り

15:00
かいじょ
おやつの介助

14:30
子どもを起こす

13:00
じむ
事務作業

午前中の活動の続きです。子どもの絵をかざったり、子どもの学びや発見などを観察してメモしたりします。

おやつを配り、食べる介助（かいじょ）をしながら、のどにつまらせないように見守ります。

寝（ね）ている子どもを見守りながら、連絡帳（れんらくちょう）や日誌（にっし）を書いたり、写真にコメントをつけた記録を作成したり、活動の様子を担任（たんにん）同士（どうし）で共有したりします。

16:00

13:00

INTERVIEW （インタビュー）

小林恵子さんをもっと

**どうして保育士に
なろうと思ったのですか？**

　小学6年生の時に1年生をお世話する係になり、1年生の子と仲よくなったのがきっかけです。お世話する時間以外も一緒に遊ぶほど、楽しい時間をすごしました。まだ12歳でしたが「子どもってなんてかわいいのだろう」と感じ、自分は子どもが好きなんだと気づいて、幼稚園の先生になりたいと思ったのです。

　その後、夢をかなえて幼稚園の先生になりましたが、幼稚園は3歳から小学生になる前の6歳までの子どもを支援する仕事だったので「もっと幅広い年齢の子どもともかかわりたい」と思いはじめ、0歳からの子どもを支援できる保育士に転職しました。幼稚園の先生と保育士の資格は別のものですが、通っていた短大が、幼稚園の先生と保育士、どちらの資格も取れるところだったのですぐに保育士になれました。

**この仕事で苦労したのは
どんなことですか？**

　保育士は、子どもや保護者、保育園の職員、保育園のある地域の人たち、看護師や医師といった専門家など、思った以上にかかわる人が多く、いろいろな場面で気を配らなければなりません。新人のころは、自分がどこまでできるかわからず、保護者の方のなやみを解決しようとして、経験不足でうまく応えられなかっ

たり、子どもに寄りそいすぎてつかれてしまい、次の日の準備が思うように進まなかったりするなど、空回りの連続でした。思いなやんで泣いたこともありました。そんな時、地域の大先輩から「なやみや失敗は成長の証拠だよ」とはげましてもらい、子どものころから続けている地域のボランティアで、さまざまな人とかかわってきたことが、仕事の役に立つのではと考えるようになりました。今はボランティアの経験も活かしながら、相手の立場に立って考えることを意識して、いろいろな人たちとの信頼関係を築いています。

**どういうところに
やりがいを感じていますか？**

　保育士は、子どもたちが越える成長の山を、伴走するように一緒に進み、見守る仕事だと思っています。子どもとのかかわり方に正解はないので、どのように伴走するかは同じクラスの先生や、時には保育園全体で考えていきます。子どもが成長の山を越えることは簡単なことではないので、自分がしていることはむだなのかもしれないと思うこともあります。でも、目の前の子どもを信じてかかわり続け、その子の成長する姿が見られたときは、これまでの苦労がふき飛ぶぐらいうれしいです。また、子どもの成長を保護者の方と共有しているなかで、「恵子先生が担任でよかった」と言っていただけることもあります。これはありがたいことですし、仕事のやりがいになっています。

知りたい

印象に残っているできごとはありますか？

わたしが担任をしていた子どもが大学生になって、保育士をめざしていると知った時のことです。数年前にとどいた年賀状には、進路を決められずに迷っていると書かれていたのですが、わたしにあこがれをもってくれていたそうで、保育士をめざす理由になったそうです。子どもが自分のやりたいことを見つけるきっかけになれて、よかったと思いました。

このように、子どもたちがそれぞれの力を活かして、自分らしく歩んでいることを知ることができるのはうれしいです。

アンナからの質問

ピアノが弾けないと保育士になれない？

ピアノが弾けなくても保育士になれますが、保育士の資格が取れる学校のなかにはピアノが必修科目になっている場合もあります。つとめる保育園にもよりますが、ピアノが弾けたほうが子どもとの活動の幅が広がるので、プラスの面が多いと思います。

高校生になって自分の進路を決めるまでに、自分の行きたい学校や就職したい保育園があれば、事前にしっかりと調べておくといいですよ。

わたしの仕事道具

カメラ

子どもたちが興味をもったことに目を輝かせながら取り組む様子を撮影するために、仕事中はいつももっています。撮った写真にはコメントをつけ、保護者や職員、地域の人、時には子ども自身に見せて、子どもたちの成長を伝えます。

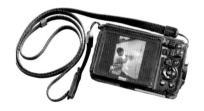

みなさんへのメッセージ

子どもの命をあずかる責任は大きく、保育士になるための勉強は大変です。でも、人にとって大切な幼少期にかかわる幸せな仕事です。「子どもが好き！」という気持ちをパワーに変えてがんばってください。

小林恵子さんの今までとこれから

プロフィール

1982年、東京都生まれ。小学生のころ、子どもにかかわる仕事に興味をもち、短大卒業後、7年ほど幼稚園の先生として勤務しました。その後、もっと幅広い年齢の子どもにかかわる保育士になりたいと、「まちの保育園 小竹向原」に転職し、現在に至ります。

1982年誕生

6歳
覚えていないが、将来の夢は「幼稚園の先生」と答えているカセットテープの音声が残っている。

7歳
人前で話すのが苦手だったが、地域のボランティア活動で同世代が集まって話すことを経験し、克服する。

今につながる転機

12歳
小学校6年生の時、1年生のお世話をする係になり、自分は子どもが好きだと気づく。子どもとかかわれる幼稚園の先生をめざすようになる。

16歳
バレーボール部に入り、部活の先生に相手の気持ちになって行動する大切さを教えてもらう。

18歳
幼稚園教諭と保育士の両方の資格が取れる短大に入り、保育や教育について学ぶ。

20歳
短大を卒業後、幼稚園の先生になり、社会人としての基本を学ぶ。主任も経験し、幅広い仕事にかかわる。

27歳
体調をくずして休職していた間、もっと幅広い年齢の子どもにかかわれる保育園ではたらきたいと考え、転職を決意する。

28歳
「まちの保育園 小竹向原」を紹介してもらい、就職する。

現在

40歳
結婚をきっかけに、保育に活かせる資格の取得や、保育士仲間ともっとできることを考えるなど、自分の幅を広げたいと思っている。

未来

65歳
友人と駄菓子屋さんを開き、家庭菜園をしながら、地域の子どもたちに囲まれてのんびりと生活したい。

小林恵子さんがくらしのなかで大切に思うこと

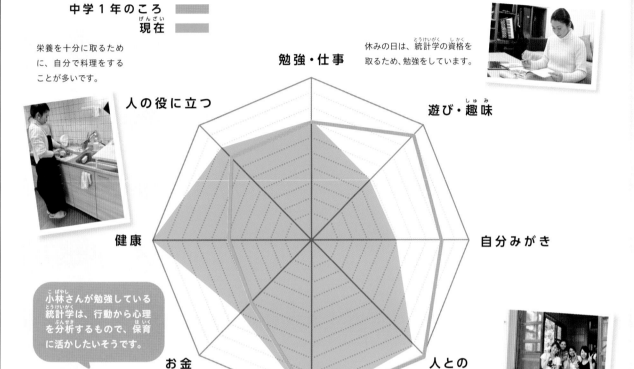

中学1年のころ ▬▬
現在 ▬

栄養を十分に取るために、自分で料理をすることが多いです。

休みの日は、統計学の資格を取るため、勉強をしています。

人の役に立つ

勉強・仕事

遊び・趣味

健康

自分みがき

小林さんが勉強している統計学は、行動から心理を分析するもので、保育に活かしたいそうです。

お金

人とのつながり

家族

幼なじみとはなんでも相談し合える関係で、一緒に旅行もしています。

小林恵子さんが考えていること

経験したすべてのことはいつかきっと役に立つ

　なんらかの状況でなやんだり、困ったりしたことが起きた時、それをつい人のせいや、まわりの環境のせいにしてしまうことがありました。でもそんな時、まず自分自身が気持ちを切りかえて、よりよい行動をすることができれば、自然とまわりもよい雰囲気に変わっていくことを、保育士の仕事を通して学びました。また、それは周囲の信頼を得られてこそなので、目の前にいる人を大切にし、その人の立場に立ってはげましを送り続けられるような人でありたいと思って、日々をすごしています。

　わたしは幅広い年齢の子どもをサポートしたいと思い保育士になりましたが、幼稚園の先生だったころの経験も役に立っています。人生にむだなことはありません。経験したすべてのことは、やがて活かせる日が必ずくると信じています。

BABYSITTER

ベビーシッター

ベビーシッター
って何をするの？

資格がなくても
なれる？

子どもが
寝ている時は
何をしているの？

保育士とは
ちがうの？

ベビーシッターってどんなお仕事？

　ベビーシッターは、依頼主である保護者の代わりに、子どものお世話をする仕事です。資格や子育ての経験がなくてもできますが、大切な子どもの命をあずかるため、危機管理を徹底し、急な子どもの体調の変化に気づいて対応することがもとめられます。ひと口に子どものお世話といっても、依頼内容はさまざまです。食事や排せつ、着替え、寝かしつけなどの日常生活のサポートや、子どもと遊んだり、保育園や習い事の送りむかえ、病気になった時の看病、時には英語やピアノ、学校の宿題など、教育や指導を依頼されることもあります。家庭の方針に合ったお世話をするために、保護者としっかり打ち合わせをして、コミュニケーションを取ることも大切です。

給与
（※目安）

16万円

くらい〜

　正社員や派遣社員など、雇用形態によっても変わります。子どもの保育や教育にかかわる専門の資格や、経験があると収入が高くなることが多いです。

※既刊シリーズの取材・調査に基づく

(ベビーシッターに) なるために

ステップ 1 大学や短大、専門学校で学ぶ

子どもの保育学や教育学を専門的に学べる学校に通学し、知識やスキルを身につける。

ステップ 2 ベビーシッターの派遣会社に登録する

ベビーシッター専門の人材派遣会社やインターネットのサイトに登録し、依頼を受ける。

ステップ 3 スキルをみがき独立

独立して、個人で依頼を受けたり、「保育ママ」として自宅で保育事業を開業したりする。

こんな人が向いている！

子どもが好き。

お世話をするのが好き。

臨機応変に対応できる。

コミュニケーション能力が

高い。

もっと知りたい

　ベビーシッターには、決まった資格や免許はありません。必要な能力さえあればすぐになれますが、保育士資格や幼稚園教諭免許、民間資格の「認定ベビーシッター」など、保育や幼児教育にかかわる資格や免許をもっていると有利です。

ベビーシッター
さいおなおさんの仕事

保護者が朝に用意したお昼ごはんを食べさせます。野菜はスプーンでできるだけ小さく切って食べやすいようにします。

子どもの希望をかなえながら
安全にお世話をする

　さいおさんは、専門のインターネットサイトに登録し、保護者からの依頼を募集しているベビーシッターです。ネットで依頼のあった日時にその家庭をたずねます。定期的にたずねる家庭もあれば、1度だけのお世話にも応じています。はじめて依頼を受けた家庭の場合は、依頼先の家庭に出向くかオンラインで事前に面談を行っておたがいの相性をたしかめます。

　面談では保護者から、子どもの性格やおむつを使っ

ているか、家庭での生活のルールなどを聞き、食事のお世話の必要がある場合は、普段食べる量や好ききらい、アレルギーの有無などを詳しく確認します。お世話をしている時に、普段よりも食べる量が少なければ、具合が悪いかもしれません。子どもの体調の変化に気づくためにも、事前の確認が必要です。

　さいおさんは、自分の身だしなみにも気をつけています。保護者に子どもを安心してあずけてもらえるよう清潔さをたもち、髪の毛をまとめたり、動きやすいパンツスタイルにするなど、子どもと遊びやすい服装を心がけています。

お世話をする当日は、開始時間より早めに家庭を訪問します。その日の子どもの体調や機嫌、睡眠時間、その日の段どりなどを保護者に確認し、子どもがけがをしやすい場所はないかなど、部屋のなかの安全もチェックします。

保護者が出かけると、まず子どもとの距離をはかりながら室内で遊びます。なかなか心を開いてくれない子には、どんな遊びが興味を引くかを試しながら、子どもとの距離を縮めていきます。さいおさんは、子どもの希望を、できるだけかなえながらお世話をしたいと思っています。子どもが慣れてきたら公園などに遊びに行きますが、外に行きたくないと子どもが言う時には無理には出かけません。

保護者が帰宅するまで、必要に応じて食事やトイレなどのお世話を行い、終了10分前になったら、おもちゃを片づけ、部屋をお世話する前の状態にもどします。急に片づけをはじめると、別れを察して子どもが悲しんでしまうかもしれません。事前に終了時間が近づいていることを子どもに話して、心の準備ができるよう気を配ります。終了時間には、帰ってきた保護者に子どもとどんな風にすごしたか様子を伝え、引きつぎます。詳しい活動報告書も、その日のうちにまとめてスマートフォンで送ります。気に入ってもらえれば、また依頼されることもあります。

保護者におもちゃやベビーベッドの使い方を確認し、部屋の安全をチェックします。

保育所ではたらいていた時のできごとや、ベビーシッターの日々の体験などをタブレットでえがいていきます。

ベビーシッターの日常を漫画にして発表する

さいおさんは、ベビーシッターをしながら漫画家の仕事もしています。子どもは、まだ自分の感情を上手に人に伝えることができず、大人にとって想定外の行動に出ることが多くあります。さいおさんは、そうした子どもの行動を漫画にえがき、育児中の読者から人気を集めています。

さいおさんは、1日1本の漫画をブログやSNSに投稿しています。普段から子どもの行動をよく観察し、疑問に感じることがあれば、なぜそうした行動を取ったのかを考えます。そしてそうした疑問や、心が動いたできごとを手帳に書きためておきます。漫画をかく前に手帳を見返して、その日にかきたいと思ったエピソードをえがいていきます。完成した漫画は、ブログやSNSに投稿して読者の反応を待ちます。たまった漫画は単行本にまとめて出版することもあります。

漫画をかき、子どもの行動の意味を考えるようになったことで、お世話する時、子どもの取ったとんでもない行動にも余裕をもって対応できるようになりました。ベビーシッターと漫画家は、一見まったく異なる仕事ですが、さいおさんにとっては、たがいによい影響を与え合う、切りはなせない仕事なのです。

さいおなお
さんの
1日

朝から夕方まで子どものお世話をし、夜に漫画をかくさいおさんの1日を見てみましょう。

9:50

この日は、2歳の女の子と0歳の男の子の赤ちゃんのお世話をします。身だしなみを整え、リュックに道具を入れて準備をします。

訪問先までの行き方を確認して、おきます。

7:30
起床・朝食

8:00
準備

8:30
出発

23:30
就寝

22:00
入浴・SNSのチェック

19:00
漫画をかく

18:30
夕食

入浴後は、SNSに投稿した漫画の感想を確認したり、コメントを返したりします。

ネタを書いた手帳からテーマを選び、SNSに投稿する漫画をかきます。かき終わったらすぐに投稿します。

19:00

10:00　12:00

はじめて行く訪問先の場合は、子どもと遊べる公園が家の近くにあるかなど、事前に確認します。

訪問先に着くと、保護者から、子どもの睡眠時間やごはんの量、体調などを聞きます。

女の子と遊びながら、どんなことに興味をもつかを観察します。赤ちゃんの様子にも気を配ります。

保護者が用意したごはんを女の子に食べさせ、赤ちゃんにはミルクをあげます。

9:30
家のまわりを確認

9:50
訪問・引きつぎ

10:00
シッティング開始

12:00
昼食

16:00
帰宅

15:30
レポート報告

15:00
シッティング終了

12:30
寝かしつけ

帰ったら、少し仮眠をとり、映画を見たり、ゲームをしたりして、ゆっくりすごします。

電車で帰りながら、お世話の活動報告書をスマートフォンに書きこみ、保護者に送ります。

帰宅した保護者に、子どもたちがどんな風にすごしたのか、様子を伝えます。

赤ちゃんを寝かしつけたら、女の子と遊びながら、赤ちゃんの体調に変化がないか、5分おきにチェックして見守ります。

15:30　15:00　12:30

INTERVIEW インタビュー

さいおなおさんをもっと

2つの仕事を同時にするように なったきっかけを教えてください。

ベビーシッターになる前は保育士でした。保育所では、たくさんの子どもたちがいるので、子ども1人1人に合わせてお世話をすることはむずかしいことでした。保育所ではたらくなかで、わたしは組織のなかで保育をするより、自分で判断しながら、1対1でその子どものことだけを考えてお世話するほうが向いているのではと思うようになりました。それで、保育所を辞めてベビーシッターになったのです。

ベビーシッターになりたてのころは、ちょうど新型コロナウイルスの感染が拡大した時期でした。そのため、受けた依頼が次々とキャンセルになってしまい、時間ができました。そこで、昔から好きだった漫画をかいてみようと思い、だれもかいていないベビーシッターを題材にした漫画をかきはじめたのが、漫画家の道を歩み出したきっかけです。

この仕事をしていてよかったと 思うのはどんな時ですか?

保護者の方から感謝の言葉をいただいた時です。ベビーシッターは、その日にどのようなお世話を行ったのか、活動報告書を書くことが法律で義務づけられています。その報告書を保護者の方にも送るのですが、その返信に「さいおさんに依頼してよかったです」「自分では気づけなかった子どものことが理解できました」といったお礼をもらう時があります。そんな時は、自分が役立っていることを実感できて、やってよかったなと思います。

また、子どもに信頼してもらえることもうれしいです。お世話の終了まぎわに、「お姉さん、ずっとおうちにいて」と言われたり、定期的にうかがっている家庭では、わたしが来るのを待ちきれず、マンションのエレベーターの前で待っていてくれたりする子もいるんです。そんな子どもたちの姿を見ると、かわいくてメロメロになります。

この仕事で苦労するのは どんな時ですか?

お世話をはじめても、子どもがなかなか心を開いてくれないことがあります。あの手この手をつくしても心を開いてくれない時は、本当に困ってしまいます。少しでもそんなことがなくなるように、いつも子どもの様子をよく観察して、心を開いてくれるきっかけを見のがさないように心がけています。

仕事中にいつも心がけている ことはなんですか?

ベビーシッターは、家庭に足をふみ入れて、大切なお子さんをあずかる仕事なので、まずは保護者に信頼

知りたい

してもらわなければなりません。身なりをきれいにすることはもちろんのこと、子どもとのかかわり方を理解してもらうことも大切です。はじめて訪問するご家庭では少し早くうかがって、お世話の時間がはじまる前に子どもとどうかかわっているのかを見てもらい、安心していただくようにしています。

　また、家のなかをきれいに使うよう心がけています。子どもの食べこぼしや、お世話の途中で出たごみは片づけ、おもちゃや絵本などももとにあった場所へもどして、「この人にお願いしても大丈夫」と思ってもらえるようにしています。

アンナからの質問

> **子どもが寝ている間は何をしているの？**

　寝ている間は事故が起こりやすいので、つねに子どもの様子をチェックしています。たとえば、寝返りのできない赤ちゃんは、布団やタオルケットで鼻や口がふさがって息ができなくなることや、突然体調をくずしてしまうことがあるのです。事故をふせぐために、「午睡チェック表」というシートで、5〜10分おきに寝ている子どもの様子を見て、顔色や呼吸、体の向きなどを細かくチェックします。子どもがせきこんだらそのことも記入します。だから、子どもが寝ている間、のんびりしているわけではないのですよ。

わたしの仕事道具

アップルウォッチ

お世話をする時はいつも身につけています。子どもをだっこして両手がふさがっていても、時間の確認や、保護者の方からのメールをチェックできるので便利です。子どもとスマートフォンで音楽を聴きたい時は、アップルウォッチから操作して音楽を流しています。

みなさんへのメッセージ

好きな友だちがいたらなぜ好きなのか、普段どんな時にうれしさや悲しさを感じるかなど、自分の感情に向き合ってみることが大事です。将来、子どもとかかわる時、その子の感情の変化にも気づけますよ。

さいおなおさんの今までとこれから

プロフィール

1994年、栃木県生まれ。大学の保育科を卒業後、保育所に3年間勤務。2020年に保育所を退職し、フリーのベビーシッターになりました。ベビーシッターをするかたわら、その仕事中のできごとなどを漫画にしています。現在は、保育所ではたらいていた時のことも漫画にして反響を集めています。

1994年誕生

6歳
幼稚園の年長のころから、年下の子と遊んだり、お世話をしたりするのが好きだった。

12歳
漫画のキャラクターをよくかいた。小学1年生の友だちができて、よく一緒に遊ぶようになる。

18歳
大学の保育科に入学。受験のため幼稚園から習っていたピアノをやめていたが、実技でピアノを弾く授業があり、ふたたびピアノに触れる。

22歳
大学卒業とともに実家を出て、保育所に就職。1人ぐらしをはじめる。

24歳
保育士よりも子どもと1対1で向き合えるベビーシッターの存在を知り、ひかれるようになる。

今につながる転機

25歳
保育所を退職。ベビーシッターとしてはたらきはじめるが、新型コロナ感染症の拡大で依頼がなくなり、空いた時間に漫画をかきはじめる。

現在

28歳
ベビーシッターは単発の依頼だけではなく、定期の仕事が増えてきた。そして、初の単行本『3時間だけママを代わります！』が出版される。

未来

60歳
漫画が大ヒットしたら、そのお金でベビーシッターを育てる会社をつくりたい。

さいおなおさんがくらしのなかで大切に思うこと

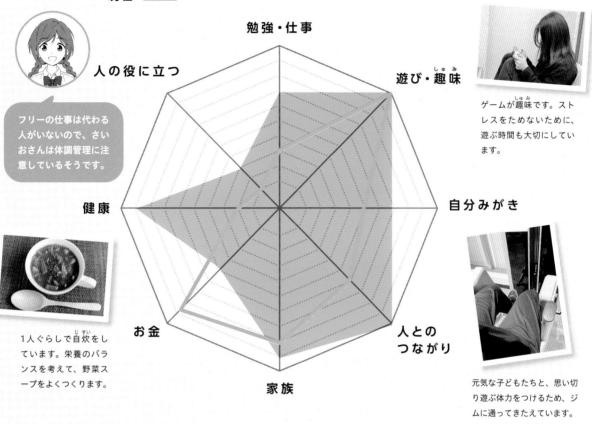

中学1年のころ ▬
現在 ▬

人の役に立つ

フリーの仕事は代わる人がいないので、さいおさんは体調管理に注意しているそうです。

勉強・仕事

遊び・趣味

ゲームが趣味です。ストレスをためないために、遊ぶ時間も大切にしています。

自分みがき

健康

1人ぐらしで自炊をしています。栄養のバランスを考えて、野菜スープをよくつくります。

お金

人とのつながり

家族

元気な子どもたちと、思い切り遊ぶ体力をつけるため、ジムに通ってきたえています。

·········· さいおなおさんが考えていること ··········

ストレスをかかえないで
毎日を楽しくすごすことが大切

　苦しいことに時間を費やすのはもったいないので、苦しい仕事はしないようにしています。楽しく仕事も遊びもして、人生を楽しみたいと思います。はたから見ると、わたしは2つの仕事をしていて「いそがしそう」と思われるかもしれませんが、そんなことはありません。ゲームをしたり映画を見たりなど、息ぬきもしています。手をぬくところはぬいて、がんばる時のために、エネルギーを温存できるように心がけています。

　ストレスをかかえた状態で、子どもと接するのはよくありません。心にゆとりがないと、子どもがお水をこぼしたり、ものをこわしたりした時に、おこってしまうかもしれません。子どもと接するうえでも、楽しい毎日を送って、心にゆとりをもっておくことは大切だと思っています。

スクール ソーシャルワーカー

MIRAI ZUKAN 01

MIRAI ZUKAN 02

MIRAI ZUKAN 03

MIRAI ZUKAN 04

+

スクール
ソーシャルワーカー
って何？

?

どんな資格が
あるといいの？

?

学校の先生とは
ちがうの？

?

どこで
はたらいて
いるの？

?

スクールソーシャルワーカーって
どんなお仕事？

　不登校・虐待・暴力・学習困難など、子どもがなんらかの課題をかかえるケースがあとを絶ちません。その原因となる背景は人それぞれちがいます。たとえば、子どもが不登校になった場合、学校での人間関係や家庭の環境、病気など、さまざまな要因が考えられます。そうした要因を探り、学校や保護者などと協力して子どもの生活環境を整え、幸せに生きられるようにしていくのが、スクールソーシャルワーカーの仕事です。そのために、学校から情報を集め、保護者や子どもから話を聞き、所属する自治体や行政の支援制度を把握して活用するなどして解決をめざします。また、児童相談所や支援センターなどの支援機関とのつながりも大切です。

給与
（※目安）

18万円
くらい〜

　一般的に初任給は18〜23万円くらいといわれますが、常勤や非常勤などの勤務形態や自治体などによって異なります。副業で週に数回だけ勤務する人もいます。

※既刊シリーズの取材・調査に基づく

スクール
(ソーシャルワーカーに)
なるために

ステップ 1
社会福祉士か精神保健福祉士について学ぶ
福祉系大学や専門学校で、理論などを学び、必要に応じて実務を行い、受験資格を得る。

ステップ 2
国家試験に合格し、資格を取得する
社会福祉士か精神保健福祉士の国家試験を受け、合格すると資格が得られる。

ステップ 3
自治体や民間会社に就職する
就職して経験を積むと、所属する地域の支援活動のリーダーとなることも。

こんな人が向いている！

子どもが好き。
話を聞くのが好き。
話を聞き出すのがうまい。
親近感がある。
気持ちの切りかえが早い。

もっと知りたい

　多くの場合、左に挙げた社会福祉士や精神保健福祉士の資格のほか、臨床心理士の資格があると強みになります。人間関係を調整する仕事なので、社会経験を積んでからめざす人も多いです。教育や福祉分野の実務経験を積んでおくのもいいでしょう。

スクールソーシャルワーカー
上田篤史さんの仕事

支援中の子どもがいる小学校の教頭先生から状況を聞き、学校が子どもたちをどう支援していくかを相談します。

子どもや保護者たちに会って
支援のプランを組み立てる

　岡山県教育庁に所属するスクールソーシャルワーカーの上田さんは、津山市、奈義町、西粟倉村の3市町村にある16校の小・中学校を受けもっています。学校を回りながら、課題をかかえる子どもの支援方法を探り、幸せになれる環境づくりに奮闘しています。

　上田さんの仕事は、学校に足を運び、支援の必要な子どもたちの情報を集めることからはじまります。学校の先生が集まる会議に参加し、課題をかかえた子ど

もの名前があがると上田さんの出番です。まず担任の先生から学校やクラスでの様子、家庭環境、出席状況、成績などを詳しく聞きます。担任の先生だけではなく、教頭先生や、養護教諭、スクールカウンセラーや生徒指導の先生などからも話を聞き、いろいろな角度から子どもの情報を集めるよう心がけます。

　たとえば、子どもが不登校になった場合、学校の授業についていけず不登校になる場合もあれば、クラスになじめずに不登校になる場合、また家庭が経済的に苦しくて学校に行けない場合など、考えられる要因はさまざまです。上田さんは、要因の背景となる可能性

をすべて洗い出すために、子どもと日ごろかかわりの
ある大人や子ども自身からも話を聞いて、子どもをと
りまく環境を見ていくのです。

　集めた情報から要因となる背景の予想を立て、支援
プランを考えます。子どもや保護者に会って支援策を
考えたり、保護者に自治体や行政の支援機関の説明を
してつないだりすることを直接支援といいます。

　直接支援の場合、上田さんは学校と家庭の間に入っ
て話を聞きながらプランを練ります。学力が低下して
いる子どもの場合、その原因が読み書きや計算が苦手
ということなのか、先生の話を聞くのが苦手なのか、
目で見て理解するのが苦手なのかなどを細かく探る必
要があります。たとえば、話を聞くことが苦手だった
場合は、目で見て理解できるよう、グラフや図の入っ
た、よりわかりやすい教材を使う支援プランを担任の
先生と組み立てます。プランを実践したら1か月ほど
様子を見て、状況がよくなったか、先生に確認をしま
す。よくなっていない場合は、よい方向に向かうまで
何度でもプランを修正し、実践を重ねます。

課題について先生たちと一緒に考え 支援機関と学校、家庭をつなぐ

　子どもや保護者と直接会わずに支援することを、間

学校関係者と村の保健福祉課の職員や看護師などが集まる
会議を定期的に行い、支援機関と学校との連携を深めます。

接支援といいます。間接支援では、学校での会議に出
席して課題の背景や改善策を先生と一緒に考えたり、
児童相談所や児童家庭支援センター、教育支援センタ
ーなどの支援機関を利用するための仲介をしたり、先
生に研修を行ったりします。

　支援機関につなぐためには、自治体や行政がどんな
支援をしているのか知っておく必要があります。上田
さんは日ごろからインターネットで情報を調べ、時に
は支援機関に足を運んで、最新情報を把握するよう
にしています。また、ほかの地域を担当するスクール
ソーシャルワーカーと定期的に行っている研修で、仲
間同士で情報を交換することもあります。たとえば、
「となり町には、言語聴覚士がいる放課後デイサービ
スがある」といった情報をもらったら、言葉でのコミ
ュニケーションに課題をかかえる子どもを支援する方
法の1つとして役立てます。

　先生や保護者は、日々の業務や生活にいそがしく、
支援機関の情報をすべて把握しているわけではありま
せん。また、上田さん1人で、すべての課題を直接支
援で解決できるわけではありません。子どものかかえ
るさまざまな課題に対して、学校や家庭が自ら解決す
る方法を増やすためにも、上田さんは間接支援に力を
入れて、学校と家庭、支援機関をつなぐ機会をつくる
ようにしています。

学校の休み時間には子どもたちとすごし、日ごろどんな遊びを
しているのかを観察しながら、信頼関係を築きます。

上田篤史さんの1日

学校を回って子どもたちに必要な支援を考え、情報を集める上田さんの1日を見てみましょう。

9:00

この日の訪問先は小学校と中学校の2校。小学校まで自家用車で向かいます。

先生と支援機関の人たちが集まる会議に出席し、子どもの支援体制について話し合います。

6:30
起床・朝食

8:00
家を出る

9:00
小学校に到着・会議

24:00
就寝

21:30
家族団らん

20:00
夕食・翌日の準備

夫婦でボードゲームをしたり、テレビを見たりして、ゆったりとすごします。

教頭先生と面談し、支援の必要な子どもたちの情報を共有します。

学校の休み時間には、子どもと一緒に遊んだり、子どもの様子を見たりします。

支援中の子どもの様子を担任の先生に確認します。

保護者面談に向けて、事前に子どもの担任の先生から話を聞きます。

家庭の様子を聞き、必要に応じて自治体の支援制度を紹介。支援を受ける場合は、学校や支援機関に話を通してよいかの確認もします。

10:00 面談

10:30 休み時間

11:30 打ち合わせ

12:00 昼食・移動

14:00 中学校到着

14:30 保護者面談

19:00 帰宅・入浴

17:00 業務終了・買い物

16:30 活動報告

16:00 支援機関に連絡

15:30 打ち合わせ

家に帰ると、まず0歳の娘をお風呂に入れます。

仕事が終わると、必要なものがないか確認し、買い物をして帰ります。

この日に行った活動をまとめて、報告します。

支援機関に協力をお願いするため、まずメールで知らせてから、電話で説明します。

担任の先生に、保護者面談で聞いた内容を報告し、今後の支援の流れを伝えます。

上田篤史さんをもっと

スクールソーシャルワーカーになろうと思ったのはなぜ？

以前、教育関係の団体で仕事をしていた時に、大学の先生に講演してもらったことがありました。そこで、家庭環境にめぐまれない子どもはどんなに勉強をがんばっても、家庭環境にめぐまれた子にくらべて、学力が低くなる可能性が高いという話を聞いて、ショックを受けました。そのあとに、子どもの環境を整え、少しでも不公平をなくすための仕事として、スクールソーシャルワーカーの存在を知りました。そして、自分にも子どもたちのためにできることがあるのでは、と思い、めざすようになりました。

仕事をしていて大変なところは何ですか？

スクールソーシャルワーカーは、子どもが幸せになれるようプランを組み立て、先生や保護者に実践してもらいますが、そのプランがうまくいくとは限りません。むしろうまくいかないことのほうが多いのです。うまくいかない時は、かなりなやみます。でも、その時は、子どもが問題なくすごしていた過去にさかのぼり、当時の担任の先生に話を聞くなどして、プランを練り直します。スクールソーシャルワーカーには、プランがうまくいかなくても、気持ちを切りかえ、支援を続ける根気がもとめられるのです。

仕事をしていてうれしいと思う瞬間はどんな時ですか？

学校の先生と一緒に組み立てたプランがうまくいった時は、うれしいです。たとえば、何年も学校に行けなかった子が、週1回でも学校に行けるようになるなどすると、子どもも保護者も目に見えて表情が明るくなります。不登校の場合は、毎日子どもが学校に通えるようにすることがゴールではなくて、あくまでも子どもが幸せになれる環境を整えることがゴールなのです。子どもの笑顔に出あえると、この仕事をやってよかったなと思えます。

この仕事をするうえで心がけていることは？

日ごろから、自分が相手からどう見られているか、客観的な視点をもつように心がけています。というのは、スクールソーシャルワーカーは、学校とも保護者とも立場がちがうため、注意しないと上からの目線で先生や保護者にアドバイスしてしまうことがあるからです。子どもの状況を知り、早く支援をはじめるためにも、先生や保護者から話を引き出すことが大事なので、こちらがぺらぺらと話すのではなく、相手が話しやすくなるような工夫が必要です。そのためにも、まず自分がどう見られているのか、感情も含めた自分の状態を気にするように心がけています。

知りたい

相手から話を引き出すために
どんなことをしていますか？

　子どもたちや保護者に安心して話してもらえるよう、その場の雰囲気づくりを大切にしています。人に言いづらい家庭状況を話さなければならないので、特に保護者の方には「この人には話してもいいんだ」と安心してもらわなければいけません。そのため、本題から話しはじめるのではなく、自分が住んでいる場所や趣味など、自分のプライベートを話して、人となりをわかってもらったり、あえて共通点を見つけてもらったりすることで、相手が話しやすい雰囲気をつくるようにしています。

アンナからの質問

この仕事をするためにどんなことをしておくといい？

　友だちとけんかをした時、なぜけんかになったのか、その背景について考える力をつけておくといいですよ。たとえば、友だちに何かを言われてカッとなってけんかになった時は、言われた言葉をうのみにするのではなく、なぜ友だちはそう言ったのかということに目を向けてください。もしかしたら、家でいやなことがあってイライラしていたのかもしれません。そうやって背景を考えられるようになると、人としても成長していけますよ。

わたしの仕事道具

タブレット

保護者の方に支援機関を紹介する時や、支援している子どもの家庭をたずねて、一緒にゲームで遊ぶ時に使うこともあります。一緒に楽しい時間を共有すると、一気に子どもとの距離が縮まり、関係性を築きやすくなります。

みなさんへのメッセージ

「学校に行きたくない」「勉強がきらい」といった気持ちになることは、悪いことではありません。自分には、そういった側面があることを認め、広い視点で自分を見られると気持ちが楽になりますよ。

プロフィール

1979年、大阪府生まれ。大学卒業後、システムエンジニアとして勤務。広告制作会社や伝統工芸、ライター、カメラマンと仕事を転々とし、2019年からスクールソーシャルワーカーとして活動を開始。現在は岡山県で、日々学校回りをしています。

上田篤史さんの今までとこれから

1979年誕生

8歳

将棋が好きな父や祖父の影響で、将来は棋士になりたいとがんばっていたが、強くなれず挫折を味わう。

12歳

中高一貫の男子校に入学し、硬式テニス部に入部。うまくならなかったが、今でも趣味として続けている。

17歳

高校2年生の時に友だちと2人でヨーロッパを放浪したり、バンド活動をはじめたり、バイトをしたり、思いつきで何でもやった。

23歳

システムエンジニアとして就職。その後、数年ごとに転職をくり返す。自分は何をしたいのか、何ができるのか、よくわかっていなかった。

今につながる転機

姪が生まれ、自分よりあとの世代のことが、急に身近に感じられ、次の世代の子どもたちのために自分に何ができるか考えるようになった。

32歳

40歳

スクールソーシャルワーカーの仕事を知ったあと、しばらく若者向けの就労支援の仕事をしていた時に、資格を取ってスクールソーシャルワーカーとしてはたらきはじめる。

現在

41歳の時に、大阪から岡山県の西粟倉村に移住。公認心理師の資格を取り、心の問題に対するスキルもみがき、支援に活かしている。

43歳

未来

？歳

今できることを精いっぱいやり続けた結果、どこに行き着くのかは、まだまったくわからない。

上田篤史さんがくらしのなかで大切に思うこと

うえだあつし

中学１年のころ
現在
げんざい

家がある西粟倉村は、手つかずの原生林があるので、よく森林浴をしています。
にしあわくらそん

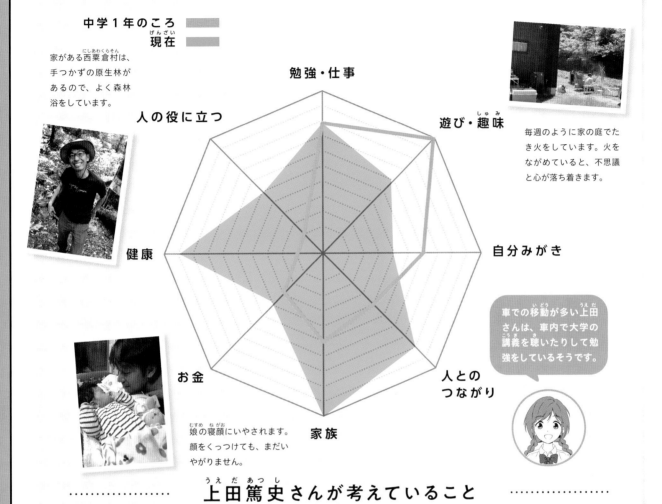

勉強・仕事

遊び・趣味
しゅみ

毎週のように家の庭でたき火をしています。火をながめていると、不思議と心が落ち着きます。

人の役に立つ

自分みがき

健康

車での移動が多い上田さんは、車内で大学の講義を聴いたりして勉強をしているそうです。
いどう　うえだ　こうぎ

お金

人とのつながり

娘の寝顔にいやされます。顔をくっつけても、まだいやがりません。
むすめ　ねがお

家族

上田篤史さんが考えていること
うえだあつし

大人の都合を押しつけず、子どもの気持ちを尊重したい
お　　　　　　　　そんちょう

　子どもが生まれたばかりなので、子育てについてよく考えるようになりました。普段から自分に言い聞かせているのは、子どもは自分の所有物ではないということです。親が子どもにできることは、翼をもたせてあげることくらいで、あとは子どもがどこに飛ぼうが、大人は見守ることしかできません。今
ふだん　　　　　　　　　　　　　　　　　つばさ

後、子どもが自分の思い通りにならず、イライラすることもあるでしょう。そんな時は、親の都合を押しつけないようにしたいと思っています。
お

　それは、学校の子どもたちにもいえることです。不登校の子どもの場合、「学校に行ってもらいたい」と願っているのは大人の都合で、その子がどうしたいのか、だれと学びたいのか、本人の気持ちを聞いてみることが大切なのです。そのために、普段から子どものことをよく観察するようにしています。
ふだん

ジブン未来図鑑 番外編

子どもが好き！
な人にオススメの仕事

この本で紹介した、小学校の先生、保育士、ベビーシッター、スクールソーシャルワーカー以外にも、「子どもが好き！」な人たちにオススメの仕事はたくさんあります。ここでは番外編として、関連のある仕事をさらに紹介していきます。

▶ 職場体験完全ガイド ⑤ p.3 とあったら
「職場体験完全ガイド」（全75巻）シリーズの5巻3ページに、その仕事のくわしい説明があります。学校や図書館にシリーズがあれば、ぜひチェックしてみてください。

スクールカウンセラー

(こんな人が向いている！)
・人の話を聞くことが得意
・人に親切にするのが好き
・秘密を守ることができる

(こんな仕事)
学校の児童・生徒・保護者・スタッフのかかえるなやみやトラブルに対して、カウンセリングなどの心のサポートを行う職業です。臨床心理学の知識を用いて心の問題を解決に導きます。

(スクールカウンセラーになるには)
ほとんどの場合、公認心理師、臨床心理士、精神科医などの資格が必要です。そのうえで学校や自治体の募集に応募して採用されます。資格取得のため心理学・臨床心理学・医学を学べる大学をめざしましょう。

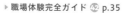

▶ 職場体験完全ガイド ㉜ p.35

放課後児童支援員

(こんな人が向いている！)
・子どものお世話をするのが好き
・自分で遊びを考えるのが得意
・親身になって人と接することができる

(こんな仕事)
「学童クラブ」「放課後クラブ」などとよばれる学童保育施設に勤務します。はたらいているなどの理由で、放課後に両親が家にいない家庭の子どもたちに、小学校の放課後に安心してすごせる生活や遊びの場所を提供します。

(放課後児童支援員になるには)
保育士資格、社会福祉士資格、教員免許状のどれかを取得する、大学や大学院で社会福祉学・心理学・教育学・社会学・芸術学・体育学のどれかを専門的に学ぶ、高校を卒業し放課後児童健全育成事業などで2年以上はたらく。この条件のどれかを満たしたうえで、自治体が主催する研修を受け、就職します。

幼稚園の先生

（ こんな人が向いている！ ）

・子どもと遊ぶのが好き

・人と話をするのが好き

・行事やイベントの準備が楽しい

（ こんな仕事 ）

　幼稚園で3歳から小学校へ入学するまでの子どもに教育を行う仕事です。子どもの生活のお世話、指導計画の作成、行事の準備、園内の掃除、送迎バスへの添乗、保護者への対応など、さまざまな仕事があります。

（ 幼稚園の先生になるには ）

　幼稚園教諭の免許状が必要です。大学院、大学、短大、専門学校などで教職課程を履修して免許状を取得します。取得後、自治体や私立幼稚園の採用試験を受けてはたらきます。

▶ 職場体験完全ガイド ❸ p.27

中学校の先生

（ こんな人が向いている！ ）

・大好きな教科がある

・人の気持ちを理解できる

・言うべきことをきちんと言える

（ こんな仕事 ）

　中学校の先生は、国語、英語、数学など、特定の専門教科を教えます。授業以外にも、クラス担任を受けもつほか、生活・進路指導、部活動の指導、学校行事の運営など、さまざまな仕事があります。

（ 中学校の先生になるには ）

　中学校教諭の免許状が必要です。取得のためには、大学・短大や大学院などで中学校教員養成課程などを修めます。公立の場合は教員採用候補者選考試験、私立の場合は教員採用試験を経て、面接などを受けて採用されます。

▶ 職場体験完全ガイド ㊲ p.3

高校の先生

（ こんな人が向いている！ ）

・学問のおもしろさを伝えることができる

・広い視野でものを見ることができる

・人の長所を見つけるのがうまい

（ こんな仕事 ）

　高校の先生は、中学校の先生にくらべて、より専門的でレベルの高い教育を行います。授業には大きく分けて英語、数学などの普通教科と工業、商業などの専門教科があり、教科の授業のほかに、クラスの担任、部活動、学校行事などにもかかわります。さらに生徒の生活および進路指導も行います。

（ 高校の先生になるには ）

　高校の先生になるためには、高等学校教諭の免許状が必要です。大学・大学院で教職課程を修めると免許状が得られます。公立高校の場合は各自治体が行う教員採用候補者選考試験の受験に合格し、私立高校の場合は独自の採用試験を経てはたらきます。

学習塾講師

（ こんな人が向いている！ ）

・人前で話すのが得意

・自分が得意なことを通じて人の役に立ちたい

・人の面倒をみるのが好き

（ こんな仕事 ）

　小学生から高校生までの子どもに学校での勉強の理解を深めるサポートや、受験勉強の指導をします。1人の講師が1〜3人の生徒を教える個別指導塾と、1人の講師が10〜30人程度を担当する集団指導塾があります。授業だけでなく、志望校についての相談にのったり、一般事務、営業なども行います。

（ 学習塾講師になるには ）

　講師の求人に応募する際、必須の資格はありません。ただし、教員の免許状を取得していると就職に有利です。

▶ 職場体験完全ガイド ㊲ p.13

児童英語教師

（ こんな人が向いている！ ）

・英語を使って人と話すのが好き
・外国の文化に興味がある
・子どもに教えるのが好き

（ こんな仕事 ）

　小学校、幼稚園、民間の英語スクールなどで子どもに英語を教える仕事です。自宅で教室を開業する人も多く、はたらくスタイルはさまざまです。英語力だけでなく、英語教育や児童教育の専門知識、指導方法など幅広い知識やスキルがもとめられます。

（ 児童英語教師になるには ）

　大学や専門学校で語学、児童学、保育・幼児教育などを学び、採用試験に合格して英会話スクール、小学校、幼稚園などに就職します。

▶ 職場体験完全ガイド ⑤ p.3

ピアノの先生

（ こんな人が向いている！ ）

・ピアノを演奏するのが得意
・自分の演奏をもっと上達させたい
・ピアノの楽しさを広めたい

（ こんな仕事 ）

　子どもからお年よりまで、生徒の能力や実力に合わせて、指導の計画を立てて、ピアノの演奏を指導します。また、発表会の会場の予約や生徒が演奏する楽曲を選ぶなど、準備も行います。個人でピアノ教室を運営する場合には、事務作業なども行います。

（ ピアノの先生になるには ）

　必要な学歴はありませんが、音楽系の大学や短大、専門学校を卒業して、音楽教室に就職する人が多いです。経験を積んで独立する人もいます。

▶ 職場体験完全ガイド ㊲ p.25

児童指導員

（ こんな人が向いている！ ）

・人の相談にのることが多い
・ものごとをじっくり考えることができる
・人の小さな変化に気づくことが多い

（ こんな仕事 ）

　児童福祉施設で保護者とはなれてくらす子どもの成長をサポートします。子どもの日常生活や登校、学習、自立への手助けを行い、支援の計画を立て、学校や児童相談所との連携も行います。

（ 児童指導員になるには ）

　児童指導員任用資格を得て公務員試験か採用試験を受け就職します。養成施設を卒業するか、大学や大学院で社会福祉学や心理学・教育学・社会学を専門的に学ぶか、児童福祉事業で一定の実務経験を積むことで資格を得られます。

▶ 職場体験完全ガイド ⑭ p.15

テーマパークスタッフ

（ こんな人が向いている！ ）

・テーマパークが好き
・人を喜ばせることが得意
・子どもと触れ合うことが好き

（ こんな仕事 ）

　ショーやパレードに出演したり、着ぐるみを着て来場者に接したりして来場者を楽しませます。また、アトラクションの誘導やレストランの調理・接客、グッズの販売、清掃など、テーマパークの運営にかかわるさまざまな業務を分担します。お客さまと直接関わる業務以外に、設備や装置の点検など「裏方」とよばれる仕事もあります。

（ テーマパークスタッフになるには ）

　特別な資格はなく、レジャー施設の運営会社などの採用試験を受けて合格すれば、スタッフとして採用されます。大学や短大、専門学校などで、観光学、国際関係学などを学ぶとよいでしょう。